AF343270

LE TOCSIN DES ROIS.

L'EUROPE a frémi de l'aſſaſſinat du Roi de Pologne. Les coups qui l'ont frappé ont percé tous les cœurs. Mais quelle puiſſance ſe met en devoir de le venger? Sera-ce la ſainte Vierge devant laquelle ces aſſaſſins jurèrent ſur l'Evangile entre les mains d'un Dominicain de tuer le meilleur & le plus ſage Souverain qu'ait jamais eu la Pologne? Il eſt vrai que nôtre Dame de Cſentochova fait tous les jours des miracles, mais elle n'a pas fait celui de prévenir les deſſeins des conjurés; & juſqu'ici nôtre Dame de Pétersbourg eſt la ſeule qui venge l'honneur & les droits du trône. On voit encor à la honte de tous les chrétiens des garniſons turques dans des villes Polonaiſes: & ſans les véritables miracles des armées Ruſſes, les Ottomans ſeraient dans Varſovie.

*

L'Empereur des Romains qui fait l'histoire & qui est né pour faire des actions dignes de l'histoire, fait assez que ces Turcs ont mis deux fois le siege devant Vienne, & qu'ils ont fait plus de trois cent mille hongrois esclaves.

Les barbares tirans de Constantinople, souillés si souvent du sang de leurs frères & de leurs visirs, traitent tous les Rois de l'Europe comme les Romains traitaient autrefois les petits Princes de la Capadoce & de la Judée. Ils regardent nos ambassadeurs comme des Consuls de marchands.

Mr. Porter, ci-devant Plénipotentiaire à Constantinople nous apprend que pour toute sureté nos Ambassadeurs n'ont que des concessions dont on ne leur laisse que des copies qui ne sont point autentiques, & quelques privilèges établis par l'usage qui sont toujours contestés.

Il nous dit que le grand visir Jejn Ali Pacha voulut il n'y a pas longtems les confiner tous dans l'ile des Princes.

⇥⇥ (3) ⇤⇤

Quand un Ambassadeur est admis à l'audience du grand visir, ce barbare couché sur un sopha le fait asseoir sur un petit tabouret, lui dit quatre mots, & le renvoye, deux huissiers le prennent par les bras pour le faire pirouetter & pour le faire incliner devant leur maitre. Les valets le huent & le sifflent. Du moins il n'y a pas longtems que cette étiquette était observée.

S'il veut paraitre à l'inutile audience du Sultan on le fait attendre deux heures & souvent à la pluie & à la neige, dans une petite cour triangulaire, sous un arbre autour duquel est un vieux banc pouri sur lequel les marmitons de sa hautesse viennent s'étendre. Il est ainsi conduit d'humiliations, en humiliations. Il dissimule ces affronts & fait accroire à ses commettants qu'il a été reçu avec toutes sortes d'honneurs.

On sait quelles indignités ont souvent soufertes les Bailes de Venise. La Cour de France ne doit pas avoir oublié que

dans le tems brillant de Louis XIV , le
Grand Vifir Mehemet Cuprogli fit don-
ner à l'audience en 1658 un fouflet à
poing fermé au Sr. de la Haye Vantelet
fils de l'Ambaffadeur de France , Ambaffadeur lui-même , & de plus Médiateur entre
l'Empire Turc & Venife. On caffa une dent
à ce Miniftre , on le mit dans un cachot.
Et pourquoi la Porte exerça - t - elle contre lui ces atrocités ? Parce qu'il n'avait
pas voulu expliquer une Lettre qu'il écri-
vait en chiffre à un provéditeur de
Venife.

Comment cette Porte Ottomane traite-
t-elle les miniftres d'une puiffance à qui
elle veut faire la guerre ? Elle commence
par les faire mettre en prifon. C'eft ainfi
que Mouftapha maintenant régnant , a
fait enfermer au Château des fept Tours
le Plénipotentiaire de Ruffie. Cet infolent
affront fait à tous les Princes dans la
perfonne de ce Miniftre , a été bien ven-
gé par les victoires du Comte de Roman-
zof, par les flottes qui font venues du fond

du Nord mettre en cendre les flottes Ottomanes à la vue de Constantinople sous le commandement des Comtes d'Orlof, par la conquête de quatre provinces, que les Princes Galitzin, Dolgorouki & tant d'autres généraux illustres ont arrachées aux Ottomans.

Tant d'exploits accumulés crient à haute voix au reste de l'Europe : fécondez-nous & la tyrannie des Turcs est détruite.

Certes si l'Impératrice des Romains Marie Thérèse voulait prêter ses troupes à son digne fils, qui pourait l'empêcher de prendre en une seule campagne toute la Bosnie & toute la Bulgarie, tandis que les armées victorieuses de l'Impératrice Cathérine seconde marcheraient à Constantinople.

Combien de fois le Comte Marsilli qui connaissait si bien le gouvernement turc, nous a-t-il dit qu'il est aisé de jetter par terre ce grand Colosse qui n'est puissant que par nos divisions ! je le répète après lui, c'est notre faute si l'Europe n'est pas vengée.

On craint que la Maiſon d'Autriche ne devienne trop puiſſante, & que l'Empereur des Romains ne commande dans Rome, aimez vous mieux que les Turcs y viennent ? Ce fut longtems leur deſſein, & il pouront un jour l'accomplir ſi on les laiſſe reſpirer & réparer leurs pertes.

On craint encor plus la Ruſſie. Mais en quoi cette puiſſance ſerait-elle plus dangereuſe que celle des Turcs ? Et pourquoi redouter des fléaux éloignés tandis qu'on peut détruire des fléaux préſents ?

Quoi ! on a donné la Toſcane à un frère de l'Empereur, la Parme à un fils d'un Roi d'Eſpagne, on a dépouillé le Pape de Benevent & d'Avignon ſans que perſonne ait murmuré ; & on tremblerait d'ôter les états d'Europe à l'implacable ennemi de toute l'Europe ! Les Vénitiens n'oſeraient reprendre Candie, on craindrait de rendre Rhode à ſes Chevaliers, on frémirait de voir le Turc hors de la Grèce !

Nos neveux ne pouront un jour com-

prendre qu'on ait eu cette occasion uni-
que, & qu'on n'en ait pas profité. Et si
ce fameux Piaste Jean Sobiesky, ce vain-
queur des Ottomans revenait au monde,
que dirait-il en voyant ses compatriotes
s'unir avec les Turcs contre son succes-
seur !

Les folles croisades durèrent autrefois
plus de cent années ; & aujourd'hui la sa-
ge union de deux ou trois princes est im-
praticable ! Des millions d'hommes allè-
rent périr en Sirie & en Egypte, & on
tremble de laisser prendre Constantinople
quand l'Egypte mème nous tend les bras !
& cette malheureuse inaction s'appelle politique ! La vraie politique est de chasser
d'abord l'ennemi commun. Laissez au tems
le soin de vous armer ensuite les uns contre les autres. Vous ne manquerez pas
d'occasions de vous égorger.